Manuale tascabile del risparmiatore ignorante

Alfafin - Associazione Culturale
per l'Alfabetizzazione Finanziaria

Contents

INTRODUZIONE

Questo libro rientra tra le iniziative realizzate da Alfafin (Associazione Culturale per l'Alfabetizzazione Finanziaria) per la promozione della cultura finanziaria, chiamata anche alfabetizzazione finanziaria.

Alfafin è nata il primo marzo 2018 ed è un'Associazione no profit pensata e creata per unire crescita personale ed educazione finanziaria.

Il presente progetto è rivolto al grande pubblico, con una conoscenza del mondo finanziario minima o del tutto assente ma interessato alla propria crescita personale nel campo dell'economia e del risparmio.

Il percorso formativo che propone questo libro permetterà al suo lettore di imparare le basi del sistema finanziario moderno e gli strumenti che esso offre: lo scopo finale è quello di acquisire delle conoscenze finanziarie di base per poter dare un maggiore valore ai propri risparmi.

All'interno del libro verrà spiegato come deve essere inteso il risparmio e quali azioni devono essere programmate per poter ottenere dei risultati con poco sforzo.

In Italia abbiamo una cultura del risparmio molto forte, da generazioni siamo stati abituati a conservare delle risorse per i tempi bui e fortunatamente l'abitudine di accumulare ricchezza è diventata parte della nostra cultura.

Purtroppo, la buona abitudine di accantonare ricchezza non sempre è accompagnata dalla buona pratica di investire in modo consapevole e accurato ciò che abbiamo ottenuto con fatica attraverso il lavoro ed il sacrificio.

Questa guida non è un manuale di trading e non propone alcuna ricetta magica né particolari formule matematico-finanziarie per investire in borsa e diventare milionari in poco tempo.

Questa guida si pone l'obbiettivo di informare sulle possibilità offerte dal sistema finanziario e insegna come approcciarsi ad esso in modo consapevole, imparando ad evitare le offerte troppo vantaggiose che molto spesso nascondono alle loro spalle un rischio non previsto.

L'intenzione dei fondatori di Alfafin consiste nella creazione di un luogo sicuro e fertile dove chiunque ha la possibilità imparare e di contribuire, mettendo a disposizione le proprie competenze e voglia di fare.

Questo libro, in linea con lo spirito dell'associazione, ha lo scopo di fornire una formazione di base che permetta, a chi lo volesse, di approfondire le tematiche finanziarie del risparmio e degli investimenti partecipando alle numerose iniziative ed incontri organizzati dall'associazione.

Per scoprire le altre iniziative e continuare il viaggio nel mondo della cultura finanziaria siete tutti inviati sul sito dell'organizzazione dove potrete scoprire i numerosi eventi di formazione proposti da Alfafin.

AF
ALFAFIN
no profit...
your profit
www.alfafin.org

COSA ASPETTARTI

COSA ASPETTARTI

In questa sezione andiamo a vedere i contenuti trattati all'interno del libro per offrire una panoramica degli argomenti.

Non solo una rassegna dei capitoli con l'elenco dei titoli, ma una piccola guida di riferimento per una pronta consultazione, nel caso si decida di rileggere un determinato argomento in caso di necessità.

1 - IL SISTEMA FINANZIARIO

Vediamo insieme le nozioni e gli argomenti per capire il funzionamento e l'importanza di un sistema finanziario sviluppato, capace di produrre occupazione, ricchezza e benessere diffusi.

Si può dire che il sistema finanziario costituisce l'impianto cardio-vascolare dell'organismo economia. Esso rende "produttivo" il risparmio privato trasformandolo, attraverso i mercati finanziari, in investimento in attività produttive e favorendo così la crescita dell'economia.

Faremo un breve cenno storico sulla storia dello scambio dall'economia del baratto a quella della finanza scoprendo quali sono gli attori del sistema finanziario al giorno d'oggi.

2 – LA FINANZA PERSONALE

Scopriamo insieme perché è importante imparare a risparmiare e perché è necessario essere informati ed aggiornati. La gestione della ricchezza personale deve essere una pratica quotidiana che ci permetta di affrontare gli imprevisti della vita e al tempo stesso di accrescere la qualità e la serenità della vita.

Una corretta gestione delle risorse famigliari deve essere una pratica ponderata, costante e fatta consapevolmente in modo da poter raggiungere grandi risultati con piccoli sforzi quotidiani.

3 - GLI STRUMENTI FINANZIARI

Quali sono i prodotti finanziari che possono essere utilizzati per investire il nostro risparmio?

Andiamo a fare una rassegna dei prodotti con breve descrizione per spiegare il meccanismo di remunerazione, il rischio e l'arco temporale ideale dei vari strumenti di investimento:

- Azioni
- Obbligazioni
- Titoli di stato
- Covered Warrant
- Certificates

- Futures
- Fondi di investimento
- Investimenti assicurativi
- Conti deposito
- Beni rifugio

4 – IL FATTORE TEMPO

Trovarsi al posto giusto nel momento giusto può essere un evento dettato dal destino in modo del tutto aleatorio, mentre investire sullo strumento giusto nel momento giusto dipende dalle nostre valutazioni, dalle nostre necessità e disponibilità.

Un investimento può essere giusto o sbagliato il suo esito dipende molto dalla quantità di tempo che vogliamo accordargli o dal momento della nostra vita in cui decidiamo di effettuarlo. Se non valutiamo in modo corretto il fattore tempo possiamo trasformare un buon investimento in una perdita.

5 – EVITARE I RISCHI

Quali sono i rischi e le trappole del sistema finanziario, come evitare le false promesse e le proposte "troppo convenienti".

Dobbiamo imparare a valutare le proposte di investimento che ci vengono offerte e capire che a fronte della promessa di un maggior guadagno si deve essere consapevoli che si sta assumendo un maggior rischio.

Dalle insidie individuali a quelle di sistema ovvero la sofisticazione e la speculazione che va ad alterare i mercati finanziari, da qui la creazione delle regole e regolamenti per la tutela del mercato e del consumatore.

6 – GLOSSARIO DELLA FINANZA

Elenco alfabetico di parole del mondo bancario e della finanza con breve descrizione, da consultare per comprendere al meglio la terminologia a cui andremo incontro rapportandoci con il mondo delle banche, assicurazioni e mercati finanziari.

Dall'assegno allo zero coupon una rassegna di termini per capire la differenza tra "valuta" e "disponibilità" di un assegno fino ad arrivare alla differenza tra una obbligazione emessa sotto la pari e una che stacca delle cedole.

1

IL SISTEMA FINANZIARIO

Il sistema finanziario moderno è considerato il motore dell'economia: facendo un paragone con il corpo umano il sistema finanziario è il cuore del mondo economico.

Proprio come il cuore che permette al sangue di circolare all'interno del nostro corpo, portando ossigeno e nutrimento agli altri organi, così il sistema finanziario permette di far circolare il risparmio privato rendendolo produttivo attraverso gli investimenti nelle attività che favoriscono la crescita ed il benessere dell'intera economia.

Il sistema finanziario moderno è basato sui mercati e ha visto nel corso della storia una evoluzione che ha portato un aumento della sua complessità. Oggi come in passato fin dai primi sistemi economici rudimentali, basati sull'economia dello scambio, i mercati sono fondati sul senso di fiducia.

Spesso in televisione o sui titoli di giornali si sente parlare della "fiducia dei consumatori", "fiducia del mercato", "fiducia degli investitori" tutti termini che collegano la salute dell'economia e il benessere di un paese alla sua propensione al rischio. In poche parole: quanto i cittadini sono fiduciosi nel sistema economico tanto saranno disponibili ad utilizzare le proprie risorse per comprare nuovi beni, investire in nuove attività o scommettere sulla crescita dell'economia.

L'attuale sistema economico-finanziario ha raggiunto un elevato grado di complessità tanto da essere percepito come un mondo troppo misterioso dal quale forse è meglio stare alla larga per evitare di avere brutte sorprese...questo atteggiamento di sicuro non permette di far accrescere la fiducia e non permette quindi di far crescere e sviluppare la nostra società.

Per comprendere meglio il motivo di come l'attuale sistema finanziario sia diventato così complesso andiamo a fare un piccolo ripasso sui principali modelli economici che si sono instaurati nel corso della storia, in questo modo potremo avere un approccio più consapevole con il mondo economico di cui facciamo parte.

L'economia del baratto

Le prime società del mondo antico si fondavano essenzialmente sulla produzione di beni primari volti a soddisfare le necessità essenziali per la sussistenza in vita degli individui. I membri della collettività concentravano i propri sforzi nella produzione di beni alimentari con la caccia o la coltivazione e raccolta di piante oppure nella realizzazione di semplici beni essenziali come pellame per ripararsi dal freddo.

Queste "economie di sussistenza" sono dei sistemi economici rudimentali: dove tutto ciò che viene prodotto viene utilizzato direttamente al fine di mantenere in vita se stessi ed i propri membri della famiglia. Quel poco che non viene utilizzato può essere scambiato con altri beni o prodotti naturali per venire consumati direttamente.

Questo sistema basato sullo scambio o baratto di beni pone subito delle grosse limitazioni per la circolazione dei beni, facciamo due esempi per comprendere meglio il problema.

Esempio 1: *supponiamo che un contadino abbia molte galline e decida di venderne alcune in cambio di qualche pelle per realizzare dei vestiti. Sfortunatamente tutti i suoi conoscenti sono dei raccoglitori e possono offrire solo frutta in cambio delle galline che vorrebbero comprare. Al tempo stesso ci sono molti cacciatori nel villaggio che vogliono vendere delle pelli in cambio di frutta, ma i raccoglitori non sono interessati alle pelli.*

Esempio 2: *supponiamo ora che un contadino voglia vendere uno dei suoi cavalli in cambio di frutta e verdura. Il valore di un cavallo è molto più alto di qualsiasi cesto di frutta o verdura che i raccoglitori sono in grado di offrire. Oltre a questo problema anche se il contadino trovasse un raccoglitore con un magazzino di frutta da scambiare, non potrebbe mai consumarla in tempo prima che questa si deperisca e vada buttata.*

Come vedete ci sono delle grosse limitazioni nel sistema del baratto: per poter funzionare ogni parte deve poter offrire qualcosa che interessi alla controparte e che sia di pari valore. Queste limitazioni ben presto rendono necessaria la realizzazione di un bene universalmente riconosciuto con cui si possa compare e scambiare beni o addirittura servizi: **la moneta**.

La moneta metallica e le banconote.

Con l'evoluzione della tecnologia e delle tecniche di produzione, caccia e raccolta, gli individui riescono a produrre molti più beni in eccedenza, aumentando i volumi del commercio. Con l'aumento dei beni destinati alla vendita si crea un mercato di scambio di beni che richiede un mezzo di pagamento convenzionalmente accettato che soddisfi alcune caratteristiche fondamentali.

Questo nuovo mezzo di pagamento doveva essere facilmente trasportabile, accessibile, durevole e doveva avere un valore intrinseco che permettesse il suo riutilizzo nel tempo: nasce così la moneta metallica.

Per un lungo periodo le monete metalliche furono coniate in metalli preziosi (argento e oro) e avevano quindi un valore intrinseco che permetteva loro di essere scambiate universalmente. Dopo alcuni millenni, per precisione nel Seicento d.C., le banconote vennero introdotte in Cina, per poi essere utilizzate anche in Europa solo a partire dal XVIII secolo.

Le monete avevano un valore intrinseco determinato dal valore del metallo con cui erano state realizzate, ma erano ingombranti, le banconote erano più facili da gestire e trasportare ma avevano un valore intrinseco nullo.

Per attribuire un valore (reale) alla moneta cartacea molte nazioni introdussero il "*regime aureo della moneta*" dove l'emissione di banconote era realizzata da una banca centrale per un valore nominale pari al valore delle proprie riserve auree.

Questo regime durò fino al 1971, quando Stati Uniti d'America cancellarono la possibilità di convertire in oro i dollari USA.

Nelle economie moderne, il valore della moneta è esclusivamente costituito dal grado di **fiducia** riconosciuto dai possessori che, attraverso essa, detengono il potere d'acquisto di beni e servizi. Questo grado di fiducia è strettamente collegato alla credibilità dell'istituzione (stato o banca centrale) che emette moneta.

Il sistema bancario.

Se la moneta fisica (metallica o cartacea che sia) fosse l'unico mezzo di pagamento, si avrebbero dei grossi problemi per il trasferimento di importi ingenti impiegati, ad esempio, per operazioni commerciali di grande valore e su grandi distanze fisiche.

Fin dal rinascimento le corporazioni dei mercanti considerarono più economico e sicuro utilizzare dei certificati di deposito al posto di trasferire fisicamente grosse quantità di moneta fisica. Per rendere ciò possibile era necessario che i certificati di deposito fossero riconosciuti come validi dall'intera comunità dei mercanti e che i banchieri avessero delle sedi o dei corrispondenti presso le principali città commerciali.

A partire dal XVI secolo, con lo sviluppo del commercio intercontinentale con le colonie delle Americhe e delle "Indie orientali" (i paesi asiatici) la moneta fisica venne sostituita dalle "lettere di pagamento" emesse da appositi banchi di credito sviluppando e diffondendo le forme di cartolarizzazione del credito.

Per esigenze commerciali, nacquero le banche che si occupavano della gestione dei depositi monetari ed in seguito svilupparono i sistemi di concessione del credito, le richieste di finanziamento venivano concesse dietro la garanzia di beni personali. Con il passare del tempo arrivarono nuove forme e strumenti di pagamento, come gli assegni, le cambiali, i bonifici, fino ad arrivare alla moneta elettronica.

La nascita degli strumenti finanziari.

A partire dal XV secolo gli operatori del sistema economico iniziarono a scoprire i benefici delle economie di scala: in Inghilterra i commercianti dei prodotti derivati della lana scoprirono che aumentando di molto i volumi della produzione potevano ridurre i costi e vendere le loro merci a prezzi più bassi e di conseguenza potevano vendere di più aumentando i profitti.

I produttori dovevano disporre di ingenti risorse economiche per produrre dei beni che sarebbero stati venduti successivamente. Sorgeva così il problema di trovare tali risorse al di fuori del ricorso al finanziamento bancario. I finanziamenti, come abbiamo accennato prima, venivano concessi a fronte di garanzie personali, ma non tutti potevano disporre di garanzie sufficienti per coprire i finanziamenti necessari per lo sviluppo delle loro attività.

La soluzione adottata fu quella dell'utilizzo del risparmio di una pluralità di investitori, che potevano anticipare le risorse necessarie alla produzione, a fronte della distribuzione di parte del guadagno ottenuto dagli investimenti effettuati: nacquero così le attività finanziarie e nuovi strumenti finanziari.

Le nuove attività finanziarie erano costituite da strumenti finanziari che conferivano all'acquirente il diritto di ricevere redditi futuri dal venditore. Si tratta cioè di un diritto sulle attività effettive dell'emittente e sulla liquidità da esso generata.

Con la nascita e la creazione di attività finanziarie destinate ad un pubblico di investitori si vede la contestuale nascita di un mercato apposito dove le stesse vengono scambiate. La nascita dei mercati finanziari dà vita all'intermediazione finanziaria ed a tutte le sue regole, andando a generare un sistema complesso ma ben strutturato.

Il sistema finanziario

In senso stretto, il sistema finanziario è costituito dalla struttura mediante la quale si svolge in modo specifico la complessiva attività di produzione e offerta di mezzi di pagamento, di servizi e strumenti finanziari: questo insieme di attività viene appunto definita con il termine di intermediazione finanziaria.

Il beneficio di un efficiente sistema finanziario risiede nella capacità di far circolare risorse finanziarie tra soggetti in surplus e soggetti in deficit, rendendo disponibili nuove risorse finanziarie a quei soggetti (gli imprenditori) che introducono - mediante gli investimenti finanziati - innovazioni nei beni e servizi destinati al mercato e/o nei processi produttivi, sostenendo così il processo di crescita dell'economia nel suo complesso.

Possiamo determinare tre macro-attività che caratterizzano le funzioni del sistema finanziario moderno:

- La funzione monetaria: legata alla creazione e circolazione degli strumenti e dei sistemi di pagamento
- La funzione creditizia e di mobilizzazione del risparmio:

legata al trasferimento delle risorse tra operatori economici (tra chi acquista credito e chi riceve risorse finanziare indebitandosi)

- La funzione di trasmissione della politica monetaria: al fine di perseguire gli obiettivi di politica economica

Gli elementi costitutivi del sistema finanziario sono invece quattro:

- Gli strumenti finanziari: l'insieme di contratti di natura finanziaria
- I mercati: l'insieme degli scambi di strumenti finanziari, per il cui funzionamento occorrono strutture, organi di gestione, operatori, regole di comportamento, controlli
- Gli intermediari: le istituzioni specializzate nella produzione e negoziazione di prodotti e servizi finanziari
- L'ordinamento: l'insieme di norme che disciplinando il sistema e assicurano il funzionamento efficace ed efficiente dello stesso

I mercati finanziari detti anche "mercato dei capitali", rappresentano l'insieme delle operazioni di scambio dei contratti che avvengono per il tramite di specifiche strutture operative specializzate nell'agevolare l'incontro tra la domanda e l'offerta.

I mercati possono essere classificati come di seguito:

- Mercato creditizio, dove intermediari specializzati operano in termini di raccolta ed erogazione di prestiti
- Mercato mobiliare, in cui trovano esecuzione le operazioni

aventi ad oggetto titoli o azioni. Abbiamo un **mercato primario** dove gli strumenti vengono collocati agli investitori iniziali e un **mercato secondario** dove vengono negoziati strumenti già in circolazione

- Mercato assicurativo, in cui gli operatori si coprono dal rischio mediante la stipula di polizze
- Mercato dei servizi di pagamento, che permette il trasferimento di denaro tra soggetti diversi

Abbiamo fatto una panoramica delle componenti che costituiscono il sistema finanziario e vi invitiamo ad approfondire i vari punti sopra esposti per avere una visione più dettagliata. Trattare in modo approfondito tutte le tematiche finanziarie non è l'obbiettivo di questo opuscolo, ma speriamo di essere riusciti a sviluppare nel lettore la curiosità per approfondire il tema prendendo spunto da quanto è stato detto fino ad ora.

2

LA FINANZA PERSONALE

Nel capitolo precedente abbiamo palato in modo generale del sistema finanziario, abbiamo visto come si è evoluto nel tempo per soddisfare le necessità sempre più complesse derivanti dallo sviluppo di una società economica.

Il sistema finanziario moderno è diventato un meccanismo complesso e articolato, all'interno del quale operano vari attori attraverso mezzi e strumenti talvolta anche complessi e non adatti a tutti.

L'intero settore che fornisce servizi finanziari a privati e famiglie e fornisce loro consulenza sulle opportunità finanziarie e di investimento, viene definito settore della finanza personale.

La finanza personale è un termine che copre l'insieme delle decisioni finanziarie (gestione del denaro, del risparmio e degli investimenti) compiute da un singolo individuo o da una famiglia. Comprende la creazione di un budget familiare, l'instaurazione di rapporti con banche e assicurazioni, la stipula di mutui, la scelta di investimenti, la pianificazione previdenziale e la pianificazione fiscale e successoria.

La finanza personale risulta essere molto soggettiva perché dipende dalle esigenze e dalle possibilità di ogni singolo individuo o nucleo familiare. Per esempio, le esigenze di uno studente sono diverse da quelle di un genitore o di un pensionato. La stessa persona nell'arco della sua vita affronta momenti diversi, sfide e opportunità, che mutano al variare degli obiettivi e delle necessita dell'individuo.

La finanza personale riguarda il raggiungimento degli obiettivi finanziari personali, che si tratti di avere abbastanza risorse per esigenze finanziarie a breve termine, pianificare la pensione o risparmiare per l'istruzione universitaria dei propri figli. Tutto dipende dal reddito, dalle spese, dal fabbisogno di vita e dagli obiettivi e desideri individuali: da qui la necessità dell'ideazione di un piano per soddisfare tali esigenze entro i propri limiti finanziari. Per ottenere il massimo dal tuo reddito e risparmi, è importante diventare finanziariamente istruiti, in modo da poter distinguere tra buoni e cattivi consigli e prendere decisioni intelligenti.

La finanza personale è un'occasione preziosa che, dallo studente, all'insegnante, al dirigente d'impresa, aiuta a massimizzare la salute finanziaria personale di ciascuno di noi e si fonda su alcuni pilastri imperativi:

- Spendi meno di quanto guadagni: non importa quanto tu venga pagato, se poche centinaia oppure migliaia di euro, se spendi più di quanto guadagni non potrai mai accantonare risorse. Spesso è molto più facile spendere meno che guadagnare di più, un piccolo sforzo nel tagliare i costi nei vari aspetti della propria vita può portare a grandi risparmi. A volte bastano pochi semplici accorgimenti, non necessariamente bisogna parlare di grandi sacrifici.

- Rispetta i conti: devi creare un budget, un piano di spesa, un bilancio, si può chiamare in tanti modi. Come fai a sapere dove e come spendi se non registri e non monitori l'andamento delle tue finanze? Come puoi tagliare le spese e risparmiare se non sai dove sono finiti i tuoi soldi? È il caso di creare e tenere aggiornato un bilancio familiare: va bene un quaderno, un registro o una semplice tabella Excel.

- Realizza un piano di risparmio: molti considerano il risparmio come un "mettere da parte" ciò che rimane del proprio stipendio a fine mese. Pianificare in modo corretto il risparmio consiste invece nell'accantonare almeno il 5-10% del proprio stipendio prima di iniziare a pagare le bollette o effettuare altre spese o acquisti.

- Pensa alla tua vecchiaia: la pensione promessa dall'INPS o dalla propria cassa previdenziale è destinata a scendere ogni anno che passa. Per questo motivo è opportuno informarsi su una pensione integrativa, che permetta di ricevere un plus mensile una volta raggiunta l'età pensionabile.

L'educazione finanziaria è molto importante per imparare a conoscere il sistema e gli attori del mondo finanziario, ma per poter arrivare al livello di esperienza acquisito da professionisti certificati occorrerebbero anni di studio. Quindi è bene evitare di prendere da soli decisioni che possono influenzare seriamente il futuro e la stabilità economica della propria famiglia, ma è opportuno informarsi e tenersi aggiornati sulle questioni economiche del sistema finanziario di cui facciamo parte.

Sicuramente non bisogna accettare ogni offerta e bisogna imparare ad evitare truffe e false promesse: per questo motivo è bene avere delle conoscenze che speriamo di potervi trasmettere attraverso questo libro.

Andiamo a vedere una breve storiella per spiegare perché è importante scegliere con attenzione il proprio progetto di finanza personale.

Le tre cicale

In primavera tre amiche cicale si trovarono a discutere della brutta fine che fece la loro antenata e tutte insieme concordarono che era necessario organizzarsi in tempo per evitare di patire i morsi della fame durante il freddo e lungo inverno.

Tutte riconobbero la necessità di accumulare del cibo da poter conservare in un luogo sicuro per poter fronteggiare la stagione fredda. Insieme arrivarono alla soluzione di farsi pagare per le loro esibizioni, sicuramente gli altri animali della campagna sarebbero stati disponibili a pagare un piccolo prezzo in cambio di un po' di musica allegra e festosa.

In effetti gli animaletti della campagna così come quelli del bosco, tutti indaffarati nelle loro faccende quotidiane, apprezzavano la compagnia delle cicale ed erano disponibili a cedere un po' di cibo in cambio dell'intrattenimento musicale.

La prima cicala decise di gestire da sola tutto il cibo che aveva raccolto e in un lampo di genio si rese conto che sarebbe stato più prudente conservare il cibo in due posti separati per poter attingere da entrambi i nascondigli e spartire le risorse accumulate. Sfortunatamente la cicala, sebbene avesse dimostrato di essere prudente diversificando il rischio, prese delle pessime decisioni nella scelta dei nascondigli.

Il primo nascondiglio si dimostrò essere troppo precario: un semplice mucchio di foglie che venne spazzato via dalla prima bufera di neve insieme a tutto il cibo in esso conservato. Il secondo nascondiglio invece era in una grotta nascosta da una piccola cascata che durante l'inverno congelò, rendendo inaccessibile il cibo conservato fino alla primavera successiva con lo scioglimento dei ghiacci.

La seconda cicala era troppo indaffarata a suonare sapeva di non avere le doti necessarie a gestire e organizzare in modo corretto tutto il cibo che riusciva ad accumulare con il suo lavoro, decise quindi di affidarsi al Signor Bruco che si era offerto volontariamente di occuparsi gratuitamente del cibo della cicala.

La cicala era contenta ed era sicura di aver fatto una buona scelta dando fiducia al suo amico che gentilmente si era offerto di gestire gratuitamente le sue risorse: il Signor Bruco era molto distinto, ben pasciuto e pieno di zampette...sicuramente sapeva come maneggiare e conservare il cibo a lui affidato.

Ma con l'arrivo dell'autunno il Signor Bruco sparì e la cicala non riuscì più a trovarlo da nessuna parte. Dopo giorni di ricerca scopri che il Signor Bruco le aveva mangiato tutto il cibo e lo aveva utilizzato per avere la forza di crearsi un bel paio di ali colorate con le quali volò via verso un paese caldo dove era sempre primavera.

La terza cicala invece, decise di andare a parlare con le formiche che erano organizzate in una struttura solida e avevano molte addette ben istruite e competenti. Le formiche accettarono di occuparsi del cibo della cicala conservandolo all'interno delle varie camere del loro formicaio, ma in cambio chiedevano di poter prendere una piccola parte del cibo conservato come pagamento per il disturbo.

La cicala si prese del tempo per rifletterci sopra, chiese a vari formicai andando ad ispezionare le camere dove veniva conservato il cibo e scelse le formiche che le fecero la proposta più ragionevole. Le formiche si comportarono in modo organizzato, efficiente e onesto e la cicala riuscì a passare l'inverno senza patire la fame in modo sereno e libera dalle preoccupazioni.

La morale di questa breve storiella è che se il nostro risparmio non viene gestito in maniera corretta e se non ci affidiamo alle giuste persone, possiamo avere delle brutte sorprese, veder vanificati i nostri sforzi e avere un futuro incerto.

Bilancio Personale Alfafin!

Ricevi gratuitamente il Bilancio Personale Alfafin per:

- tenere traccia mensilmente delle tue **entrate/uscite**
- prendere consapevolezza del tuo **flusso di cassa** (cashflow)
- costruire uno **stato patrimoniale** accurato che ti guidi nelle scelte economiche e finanziarie di tutti i giorni!

3

GLI STRUMENTI FINANZIARI

Anche se decidiamo di affidarci ad esperti del settore, è bene avere una conoscenza di base degli strumenti finanziari per comprendere bene le proposte di investimento possibili e ponderare le offerte che ci vengono fatte.

Gli strumenti finanziari possono essere strumenti in contanti o strumenti derivati:

- Strumenti cash - strumenti il cui valore è determinato direttamente dai mercati. Possono essere titoli, che sono facilmente trasferibili, o strumenti come prestiti e depositi, in cui sia l'acquirente che il venditore devono concordare un trasferimento.
- Strumenti derivati – sono strumenti legati al valore di uno o più beni presente nel mercato che possono essere una attività, un indice o un bene fisico. I derivati possono essere ne-

goziati nei circuiti borsistici ufficiali oppure possono essere dei derivati over-the-counter. I mercati Over The Counter (OTC) sono mercati caratterizzati dal non avere i requisiti riconosciuti ai mercati regolamentati. Alcuni dei derivati più comuni includono forward, futures, opzioni, swap e variazioni di questi come obbligazioni di debito garantite sintetiche e credit default swap.

Azioni

L'azione corrisponde ad una singola unità di una quota di partecipazione di un socio al capitale sociale di una società per azioni, in accomandita per azioni, di società cooperative o a responsabilità limitata. Il titolare di più azioni (Azionista) può gestire e separare le proprie azioni, ad esempio vendere alcune azioni e rimanere proprietario delle altre. Le azioni possono essere utilizzate individualmente, ad esempio l'azionista può esercitare il diritto di voto con alcune azioni e non esercitarlo con le altre. Formalmente la circolazione delle azioni avviene attraverso il trasferimento materiale del titolo, in realtà i titoli azionari come la maggior parte degli strumenti finanziari sono assoggettati al regime di dematerializzazione, perciò, gli scambi non danno luogo alla consegna fisica del certificato cartaceo, ma soltanto ad alcune scritture contabili sui conti detenuti presso l'istituzione Monte Titoli.

L'azione come metodo di investimento ha una duplice possibile fonte di remunerazione: il dividendo staccato dalla società oppure la differenza tra prezzo di vendita e prezzo di acquisto sul mercato secondario. Come tipo di investimento è fortemente rischioso in quanto le oscillazioni di prezzo possono comportare anche una perdita del capitale inizialmente investito e non è garantito che la società sia in grado di produrre utili e quindi remunerare i propri azionisti con dei dividendi.

Il guadagno ottenuto dalla differenza di prezzo vendita e acquisto è chiamato Capital Gain ed è soggetto ad una tassazione al 26%. Il Capital Gain viene generalmente pagato su base mensile per quanto riguarda le vendite con guadagno. La tassazione al 26% viene applicata anche sui dividendi staccati dalle singole azioni e viene applicata anche per gli Etf ed i Fondi Comuni con delle eccezioni per quei fondi che contengono dei titoli di Stato.

Obbligazioni

Le obbligazioni sono titoli di debito emessi da governi e imprese per raccogliere finanziamenti. Investendo in un'obbligazione, si presta del denaro all'emittente dell'obbligazione che, in cambio, si impegna a riconoscere un tasso d'interesse fisso calcolato sull'intera durata dell'obbligazione. I tipi più comuni di obbligazioni includono obbligazioni di stato e obbligazioni societarie.

L'obbligazione è un titolo di debito, in base al quale l'emittente deve un debito ai detentori e (a seconda dei termini dell'obbligazione) è obbligato a pagare loro gli interessi (la cedola) o a rimborsare il capitale in una data successiva, denominata data di scadenza. Gli interessi corrisposti sotto forma di cedole sono generalmente pagabili a intervalli fissi (semestrale, annuale, a volte mensile). Molto spesso l'obbligazione è negoziabile, ovvero la proprietà dello strumento può essere trasferita sul mercato secondario. Ciò significa che uno strumento è altamente liquido e che è possibile svincolarsi da esso senza particolari problemi, purché esista nel mercato una controparte disposta a comprare l'obbligazione.

Le obbligazioni emesse dallo Stato e da alcuni enti internazionali in white list sono tassate con l'aliquota al 12,5%, mentre viene applicata una tassazione al 26% per tutti gli altri tipi di titoli.

Titoli di Stato

I titoli di Stato sono obbligazioni emesse dallo Stato, e più precisamente dal Ministero dell'Economia e delle Finanze. Se le tasse percepite dallo Stato non sono sufficienti per coprire le spese per finanziare le proprie attività (scuola, salute, difesa...) vengono emesse delle obbliazioni con lo scopo di finanziare il proprio o direttamente il . La remunerazione per l'investitore può essere corrisposta al sottoscrittore del mediante lo scarto di emissione (ossia la differenza tra il e il prezzo di emissione o di acquisto), oppure mediante il pagamento di . Le cedole possono essere fisse o variabili sia in termini di importo che di scadenze. Alla scadenza dell'obbligazione lo Stato rimborsa il iniziale.

Di seguito l'elenco dei titoli di stato attualmente emessi:

1. Buoni Ordinari del Tesoro (Bot)
2. Certificati del Tesoro Zero Coupon (Ctz)
3. Certificati di Credito del Tesoro (Cct)
4. Buoni del Tesoro Poliennali (Btp)
5. Buoni del Tesoro Poliennali Green (BTP Green)

6. Buoni del Tesoro Poliennali indicizzati all'inflazione europea (Btp€i)

7. Buoni del Tesoro Poliennali indicizzati all'inflazione italiana (Btp Italia)

8. Buoni del Tesoro Poliennali step-up riservati agli investitori retail (BTP Futura)

I titoli di stato hanno un regime di tassazione agevolato al 12,5% e possono essere acquistati direttamente durante una delle aste di emissione oppure sul mercato secondario. I titoli di stato vengono considerati come la forma di investimento con il minor rischio finanziario alla quale corrispondono bassi rendimenti attesi.

Covered Warrant

Il Covered Warrant rappresenta il diritto di acquistare o di vendere un determinato sottostante ad un determinato prezzo (strike price) entro un periodo prefissato (stile "americano"), oppure alla data di scadenza prefissata (stile "europeo"). Il sottostante è il parametro di riferimento dei contratti derivati da cui deriva il valore del contratto derivato.

Il sottostante può essere uno strumento finanziario, come ad esempio azioni, obbligazioni, altri contratti derivati o anche quote di fondi comuni, indici rappresentativi di una certa economia. Qualunque dato numerico che possa interessare agli investitori può essere assunto come sottostante, i più diffusi solitamente sono azioni, indici, valute e materie prime. Questi diritti vengono cartolarizzati e venduti nei mercati mobiliari.

I Covered Warrant sono quotati e negoziati in Borsa Italiana S.p.A. nel mercato dedicato SeDeX e sono emessi essenzialmente da banche, in quanto chi emette questi strumenti è soggetto a vigilanza prudenziale da parte della Banca D'Italia.

I Covered Warrant vengono utilizzati per due scopi: il primo quello puramente speculativo, il secondo per proteggere il valore di singole azioni oppure di un portafoglio di titoli andando a compensare eventuali ribassi nel valore del prezzo delle azioni.

Sono una forma di investimento che comporta dei rischi e bisogna fare molta attenzione a due aspetti che possono far diminuire il valore del covered warrant: il fattore volatilità del sottostante e l'effetto del trascorrere del tempo (time decay).

Certificates

I certificates sono strumenti finanziari derivati cartolarizzati emessi da un intermediario specializzato e negoziati sul mercato SeDeX che permettono di prendere una posizione, con o senza effetto leva, sull'andamento di una attività sottostante (un'azione, un indice, una materia prima ...).

I prodotti privi dell'effetto leva vengono solitamente indicati come Investment Certificates (Certificati di Investimento) e sono divisi in due classi, A e B. I certificati con effetto leva (leverage certificates) possiedono un effetto leva che amplifica le perdite o i guadagni del loro possessore.

La classe A comprende i prodotti con il funzionamento più semplice: quelli che si limitano a replicare l'andamento del sottostante. Questi certificati non permettono di avere una protezione del capitale che quindi può essere perso per intero.

La Classe B comprende i certificates che prevedono una protezione del capitale investito (parziale o totale) oppure in alternativa la possibilità di realizzare un profitto maggiore rispetto alla variazione del sottostante sotto il verificarsi di particolari condizioni.

I Certificates privi di effetto leva risultano quindi indicati per gli investitori interessati a diversificare il proprio portafoglio anche attraverso strategie complesse ma con caratteristiche conservative e orientate al medio-lungo periodo.

Futures

Un contratto future rappresenta un accordo tra due parti (acquirente e venditore) per la negoziazione di una determinata attività finanziaria ad un prezzo predefinito, in una data futura specifica. Se l'attività sottostante è una materia prima questi contratti vengono chiamati "commodity future".

I futures sono nati come strumento di protezione per la copertura di posizioni aperte. Questi strumenti vengono utilizzati da grandi banche, fondi di investimento e aziende per coprire una posizione su un bene il cui andamento dei pressi potrebbe influenzare la propria attività. Ad esempio nel caso di una azienda che lavora con un particolare tipo di materia prima (che deve quindi tenere in giacenza per il suo ciclo produttivo) potrebbe utilizzare dei contratti futures commodity per tutelarsi su eventuali oscillazioni di prezzo future della materia prima.

Anche se sono nati come strumenti di protezione e copertura, i contratti futures vengono ampiamente impiegati a fini speculativi per l'effetto di leva finanziaria che è possibile sfruttare con la loro operatività e grazia alla grande liquidità del mercato in cui vengono trattati. Sono strumenti che possono far perdere l'intero capitale investito pertanto devono essere utilizzati con cautela da chi ha una certa esperienza in ambito finanziario

Fondi comuni di investimento

I fondi comuni di investimento sono degli istituti di intermediazione finanziaria con l'obbiettivo di investire i capitali raccolti dai risparmiatori. Lo scopo finale è quello di creare valore, attraverso la gestione di una serie di asset, per i gestori del fondo e per i risparmiatori che vi hanno investito.

Tre sono le principali componenti che caratterizzano un fondo comune di investimento:

- I fondisti: sono i risparmiatori che partecipano alle attività del fondo acquistando delle quote tramite l'investimento dei propri capitali.
- La società di gestione: che gestisce l'attività del fondo ed ha la funzione di avviare il fondo stesso, di stabilirne il regolamento e di gestirne il portafoglio
- Le banche depositarie: che custodiscono la materialità dei titoli e le disponibilità liquide del fondo. Il compito delle banche è anche quello di vigilare sulla legittimità delle attività del fondo in base alle norme dettate dalla Banca d'Italia e dal

regolamento del fondo stesso.

Investendo in un fondo di investimento si va ad acquistare delle quote il cui valore varierà nel tempo, a seconda dell'andamento degli investimenti che la società gestione effettua, utilizzando i capitali forniti dai partecipanti del fondo.

Esistono varie tipologie di fondi comuni con diversi livelli di rendimento e di rischio in base alla loro composizione (Fondi azionari, Fondi Obbligazionari e Fondi Bilanciati). I fondi possono essere chiusi o aperti: i primi sono rivolti ad investitori che intendono impegnare le risorse per un orizzonte temporale medio-lungo e possono essere rimborsati solo a determinate scadenze, mentre i fondi aperti sono più liquidi e al tempo stesso più diffusi.

Investimenti Assicurativi

Le polizze vengono spesso proposte come forma di investimento sia sa parte di compagnie di assicurazioni tradizionali che da banche.

Le polizze vita rappresentano la classica forma di investimento assicurativo possono essere suddivise in due tipologie:

- Polizze caso vita: il capitale investito maggiorato del profitto viene corrisposto all'assicurato al termine di un determinato periodo sotto forma di rendita o in una unica soluzione. Una forma di investimento con lo scopo di far rivalutare dei soldi che vengono versati in un'unica soluzione (premio unico) o in più occasioni (premio ricorrente)

- Polizza caso morte: in questo caso l'assicurato garantisce un capitale a dei beneficiari nel caso in cui venisse a mancare

- Polizze miste: il premio versato dall'assicurato viene suddiviso ed una parte va a coprire il rischio morte mentre la restante viene investita e quindi rivalutata.

- Polizze index linked: sono veri strumenti finanziari dove l'investimento viene ancorato all'andamento di un determinato indice di riferimento

- Polizze unit linked: qui la polizza ha un contenuto finanziario e l'investimento è legato ad un fondo, generalmente una gestione separata (ovvero la compagnia che colloca il fondo non si occupa anche della gestione dello stesso)

- Polizze rivalutabili: sono polizze in cui il cliente versa una somma alla compagnia, la quale investe il denaro in una gestione separata

Conti deposito

I conti deposito sono prodotti finanziari ideati per soddisfare le esigenze di investimento di chi vuole impiegare il proprio denaro rischiando poco, con l'obbiettivo di percepire un minimo guadagno.

Il conto deposito è paragonabile ad una sorta di salvadanaio, in cui il denaro viene versato e lo si lascia depositato per un periodo più o meno lungo. In cambio, la banca presso cui è stato acceso il conto deposito, ricompenserà l'investitore pagando un interesse.

Si tratta di uno dei prodotti più semplici con cui investire e anche tra i più sicuri. Il capitale investito non risente dell'andamento dei mercati ed il Fondo interbancario di tutela dei depositi assicura il rimborso della cifra investita fino a 100 mila euro per ogni correntista intestatario del conto deposito (al massimo due, per un totale di 200 mila euro) in caso di fallimento della banca.

Esistono conti deposito liberi e conti deposito vincolati. Nel primo caso i soldi sono sempre a disposizione e possono essere prelevati all'occorrenza. Nel secondo caso l'investimento è vincolato per un determinato periodo di tempo ma permette di avere un tasso di rendimento più alto.

Beni rifugio

Un bene rifugio è un bene che ha un valore intrinseco, "reale", che tende a non perdere valore a seguito di un incremento del livello generale dei prezzi. In passato i beni rifugio non avevano uno scopo speculativo e venivano utilizzati come strumento di protezione da un periodo di crisi economica-finanziaria.

Diamanti, beni immobili, oro (ed altri metalli preziosi come argento e platino), i titoli di stato dei Paesi economicamente e finanziariamente più solidi e alcune valute, sono alcuni esempi di bene rifugio. Al giorno d'oggi anche questi beni possono essere oggetto di forti speculazioni, pertanto occorre essere vigili anche quando decidiamo di investire in questo tipo di strumenti.

4

IL FATTORE TEMPO

Il tempo è il bene più prezioso che esista, tutti ne abbiamo una quantità limitata a nostra disposizione e una volta speso non abbiamo modo di recuperarlo. Per questo motivo dobbiamo imparare a gestirlo al meglio e considerarlo come un fattore chiave anche in materia di investimenti.

Scegliere la giusta strategia di investimento non è un compito semplice. Come puoi essere sicuro che gli investimenti che hai scelto siano quelli giusti per portarti dove vuoi arrivare?

Uno dei più grandi errori che un investitore può commettere è non allineare la tempistica dei propri obiettivi con i propri tipi di investimento. Questo è il motivo per cui l'orizzonte temporale dell'investimento è così importante.

Un determinato tipo di investimento può essere vantaggioso per una persona e svantaggioso per un'altra, non esiste un paradigma valido per tutti. Negli ultimi anni si è spostata l'attenzione dal mercato verso l'investitore, per capire quali sono le sue reali necessità e quali sono gli obiettivi che intende realizzare.

Quando si decide di effettuate una pianificazione finanziaria la domanda a cui si deve rispondere non è "quanto voglio guadagnare?", ma "quali obiettivi voglio raggiungere?".

Questo perché non esiste una risposta valida alla prima domanda, una risposta che possa renderci felici, perché se decidessimo di rispondere "voglio guadagnare 10.000 euro!", una volta raggiunto l'obbiettivo la nostra ingordigia potrebbe renderci inappagati e potremmo pensare "se sono arrivato a 10.000 perché non spingerci a 20.000 o a 50.000 ...". Creeremmo un circolo vizioso che ci costringerebbe ad effettuare scelte azzardate aumentando il rischio e mettendo in pericolo il capitale.

Una corretta pianificazione finanziaria ha invece come obbiettivo la soddisfazione di bisogni concreti, progetti reali e raggiungibili.

Una auto nuova, una casa, la pensione, un fondo per gli studi dei figli sono solo alcuni esempi di obiettivi importanti che ogni famiglia sogna di raggiungere. La pianificazione finanziaria, unita ad una corretta gestione del risparmio, ci può permettere di realizzare questi sogni.

L'orizzonte temporale dell'investimento si riferisce alla quantità di tempo in cui un investimento verrà mantenuto prima che il denaro sia restituito. Gli orizzonti temporali devono guidare il tipo di portafoglio di investimenti che si sta assemblando.

Più è lungo l'orizzonte temporale, più il portafoglio potrà essere costituito da strumenti finanziari caratterizzati da un livello di rischio più alto. Consideriamo il rischio come l'esposizione al mercato azionario attraverso l'acquisto di singole azioni o fondi comuni di investimento azionario da introdurre nel nostro portafoglio investimenti. Se il mercato azionario subisce un calo, un orizzonte temporale più lungo concede più tempo al portafoglio per riprendersi.

Non ci sono parametri concreti per l'orizzonte e la durata dell'investimento, ma un modo utile per visualizzarli sarebbe attraverso tre lenti: a breve termine, intermedio e lungo termine:

- **Breve termine** sono quelli a meno di cinque anni di distanza. Se i mercati dovessero calare, questo lasso di tempo potrebbe essere troppo breve perché un portafoglio esposto in modo significativo ad azioni o fondi azionari possa riprendersi. Per questo motivo, gli orizzonti temporali a breve termine utilizzano spesso contanti o investimenti simili alla liquidità. Fondi del mercato monetario, conti di risparmio e fondi obbligazionari a breve termine, sono tutti esempi di veicoli di investimento a breve termine.

- **Medio termine** sono quelli tra i cinque e i dieci anni di distanza. In questo lasso di tempo, una certa esposizione sia alle azioni che alle obbligazioni consentirà al portafoglio di crescere senza essere sovraesposto al rischio.

- **Lungo termine** sono generalmente più di dieci anni nel futuro. In un periodo di tempo così lungo, una forte esposizione ad azioni e fondi azionari offre un rendimento potenziale maggiore. Anche se i mercati crollano, la strategia ha abbastanza tempo per resistere alla tempesta e continuare a crescere.

Come abbiamo accennato, il lungo termine è sicuramente l'orizzonte temporale che permette di ottenere maggiori rendimenti e risente meno dell'andamento incostante dei mercati. Supponiamo, ad esempio, di investire i nostri risparmi su un fondo di investimento. Ogni mese accantoniamo una piccola parte del nostro reddito per acquistare delle quote del fondo. Nel lungo periodo il nostro capitale crescerà grazie ai rendimenti del fondo e anche se i mercati dovessero flettere verso il basso, attraverso il nostro accantonamento mensile potremmo acquisire più quote del fondo, che andranno a ricostituire in fretta l'eventuale perdita una volta che i mercati avranno nuovamente una fase di crescita.

Questo meccanismo spiegato in modo davvero semplificato spiega perché è meglio fare piccoli investimenti in modo costante e in un orizzonte temporale lungo, piuttosto che fare un grosso investimento in una unica soluzione ed attendere in modo passivo la crescita del mercato.

Uno degli errori comuni che gli investitori incauti commettono è quello restare fedeli a una strategia di investimento con orizzonte temporale a lungo termine per un tempo troppo lungo.

Supponiamo di essere entrati nel mondo del lavoro da qualche anno e di voler iniziare a risparmiare per la nostra pensione. È un obiettivo con un orizzonte temporale a lungo termine che ci permette di adottare una strategia aggressiva fortemente esposta al mercato azionario. Per tutta la durata del nostro investimento, il mercato subirà diverse flessioni, ma a causa del lasso di tempo a lungo termine, il nostro capitale avrà tutto il tempo per riprendersi durante le fasi di crescita.

Passano gli anni e ci avviciniamo al pensionamento. Se non siamo in grado di rivalutare e adattare il nostro portafoglio alla riduzione dell'orizzonte temporale, possiamo essere travolti da un crollo del mercato. E a meno di un anno dalla data del nostro pensionamento programmato, il nostro gruzzolo varrà drasticamente meno se non avremo pianificato per tempo un cambio di strategia, passando dal lungo termine ad un orizzonte temporale breve.

L'orizzonte temporale di un investitore cambia costantemente con l'età, con i cambiamenti della situazione finanziaria, con i nuovi obiettivi ed altri fattori imprevisti. È anche possibile avere più orizzonti temporali in gioco contemporaneamente. Possiamo portare avanti un progetto di risparmio per la pensione mentre parallelamente risparmiamo anche per pagare l'università dei nostri figli. Rivedere periodicamente i propri obiettivi e gli orizzonti temporali che li accompagnano, è la chiave per una solida strategia finanziaria.

A seconda dell'orizzonte temporale esistono diversi strumenti finanziari che risultano essere più adeguati a raggiungere l'obbiettivo di conservazione e crescita del capitale.

Tendenzialmente, come abbiamo accennato in precedenza, gli strumenti con un livello di rischio più alto sono adeguati a un orizzonte temporale più lungo. Ciò permette di ridurre la probabilità di dover disinvestire proprio durante una fase di flessione dei mercati verso il basso. Per orizzonti temporali di breve periodo è meglio rivolgersi a strumenti più sicuri che ci permettano di proteggere il nostro capitale.

Se sfortunatamente dovessimo essere travolti da una crisi finanziaria, con conseguente crollo dei mercati e riduzione del valore del nostro capitale investito, la cosa peggiore da fare sarebbe quella di farsi prendere dal panico e cercare di correre ai ripari liquidando gli investimenti proprio quando il loro valore è diminuito.

Per avere successo nel mondo finanziario e non bruciare i capitali investiti durante i crolli del mercato, dobbiamo avere sangue freddo e comportarci come "piloti di aerei". Dobbiamo avere fiducia nei nostri mezzi, prendere le decisioni basandoci solo sugli strumenti in nostro possesso e sui dati a nostra disposizione, evitando di farci prendere dal panico e dalle emozioni. Un pilota di linea si fida degli strumenti di bordo mentre scende verso una pista di atterraggio durante una notte scura nel bel mezzo di un banco di nebbia, allo stesso modo dobbiamo agire noi quando si tratta di investimenti.

Se è importante pianificare il modo in cui investiamo, altrettanto importante è pianificare il modo un cui vogliamo uscire dal mercato. Possiamo decidere di liquidare tutto in una unica soluzione, di liquidare in modo frazionato, di liquidare per reinvestire in altre soluzioni... Non esiste una regola che possa essere considerata valida per tutti.

A seconda delle esigenze personali di ogni investitore, può essere applicata una determinata soluzione per l'uscita dal mercato: l'importante è ponderare in anticipo e pianificare per evitare spiacevoli imprevisti.

5

EVITARE I RISCHI

Risparmiare è una buona pratica che permette di accumulare ricchezza da reinvestire per assicurare un extra-profitto, un capitale di riserva per la nostra vecchiaia o per i momenti di difficoltà economica.

Adottando una corretta pianificazione finanziaria possiamo iniziare a risparmiare fin da giovani senza dover gravare in modo troppo oneroso sul nostro bilancio mensile. Grazie ai rendimenti e al reinvestimento dei profitti possiamo far crescere il nostro capitale nel lungo periodo.

Questa è la rappresentazione del migliore dei mondi possibili, ma dobbiamo sempre tenere conto dei rischi, che possono andare ad intaccare il nostro capitale riducendone il valore.

In economia è sempre bene ricordare che mai nulla viene regalato: quando percepiamo degli interessi sul capitale investito, dobbiamo essere consapevoli che riceviamo questi soldi perché impieghiamo il nostro capitale perdendone la disponibilità per un certo periodo di tempo e perché stiamo assumendo un rischio.

Ad interessi maggiori necessariamente corrisponde un rischio maggiore, questo deve essere tenuto sempre presente.

Gli strumenti finanziari a disposizione degli investitori sono numerosi, hanno caratteristiche diverse e di conseguenza hanno diversi livelli di rischio. La buona pratica suggerisce di diversificare il proprio portafoglio in modo da distribuire il rischio e ridurre gli effetti negativi sul capitale investito in caso di problemi.

A tutti gli investimenti è associato un certo grado di rischio che dipende dalle particolari caratteristiche degli strumenti finanziari su cui si investe.

Possiamo fare le seguenti distinzioni sulla base del rischio associato agli investimenti:

- Rischio associato al tipo di strumento (Obbligazioni, Azioni, ...)
- Rischio associato all'emittente dello strumento (Stato italiano, Stato estero, Azienda Privata, ...)
- Rischio associato alla valuta in cui lo strumento è denominato (Euro, USD, valute di paese emergenti, ...)
- Rischio associato all'area geopolitica (Europa, USA, Cina, ...)
- Rischio associato al settore merceologico
- Rischio associato al mercato di quotazione dello strumento (mercati regolamentati o mercati non regolamentati)

Al fine di tutelare gli investitori e la salute stessa dell'economia e dei mercati, il sistema finanziario ha adottato una serie di regolamenti e controlli. Per evitare distorsioni del mercato o influenze e manipolazioni dell'andamento dei prezzi sono state create numerose normative e organi che ne vigilano il rispetto.

Il consumatore da parte sua ha il dovere di informarsi per prendere consapevolmente le decisioni in materia di risparmio ed investimenti.

Da anni si fanno molti sforzi per migliorare la "trasparenza", così da evitare che i consumatori vadano a sottoscrivere prodotti troppo rischiosi o non adeguati alle proprie esigenze.

Molti intermediari finanziari che offrono un servizio di consulenza effettuano un lavoro di profilazione del cliente per comprenderne gli obiettivi e gli orizzonti temporali. Il cliente viene classificato anche in base alle sue conoscenze finanziare e alla sua propensione al rischio.

La profilazione del cliente e la documentazione relativa alle condizioni e ai costi dei vari prodotti finanziari, viene realizzata dagli operatori del settore al fine di tutelare il risparmio dei consumatori e non va scambiata con una semplice formalità.

Prima di fare un investimento o sottoscrivere qualsiasi prodotto (dal conto corrente all'acquisto di quote di un fondo d'investimento), è sempre bene chiedere copia del documento di sintesi o la scheda prodotto con la descrizione delle caratteristiche e il dettaglio dei costi.

Leggiamo con attenzione i documenti informativi, se necessario facciamoci assistere da un consulente (della banca o anche esterno) in modo tale da comprendere quali sono i costi a cui andiamo incontro, il tipo di impegno che ci stiamo assumendo in termini di tempo e soprattutto a quali e quanti rischi stiamo sottoponendo il nostro capitale.

Leggere e comprendere a cosa andiamo incontro è una regola semplice, ma può valere molto in termini economici. Anche se abbiamo fiducia nel nostro consulente o intermediario finanziario, facciamo sempre un piccolo sforzo per comprendere bene che cosa ci viene offerto.

Bilancio Personale Alfafin!

Ricevi gratuitamente il Bilancio Personale Alfafin per:

- tenere traccia mensilmente delle tue **entrate/uscite**
- prendere consapevolezza del tuo **flusso di cassa** (cashflow)
- costruire uno **stato patrimoniale** accurato che ti guidi nelle scelte economiche e finanziarie di tutti i giorni!

6

GLOSSARIO DELLA FINANZA

A

ABF - Arbitro Bancario Finanziario: organo indipendente e imparziale che intermedia le controversie tra clienti, banche ed altri intermediari finanziari. Evita di portare in tribunale controversie tra clienti ed istituti finanziari permettendo di avere risposte in tempi brevi a costi minimi.

ABI - Associazione Bancaria Italiana: rappresenta la categoria delle aziende di credito nei confronti del Governo e della Banca d'Italia.

Accollo: in generale è riferito ad un mutuo ipotecario e si verifica quando un soggetto acquista un immobile ipotecato da una banca per un mutuo non ancora estinto. In tal caso, a pagare le rate non è più il soggetto che inizialmente ha acceso il mutuo stesso, ma chi è subentrato con l'acquisto dell'immobile.

Aggiotaggio: manipolazione speculativa punita dall'ordinamento italiano. Si verifica quando un soggetto, per trarre un vantaggio indebito, provoca l'alterazione del prezzo delle merci o valori ammessi nel pubblico mercato, attraverso artifizi o tramite la diffusione di notizie false, tendenziose o esagerate.

After hours: estensione del mercato azionario che permette di effettuare operazii di vendita ed acquisto fino alle ore serali.

Ammortamento: pagamento graduale di un debito, che può avvenire nel tempo fino alla completa soluzione, a quote costanti, a quota decrescenti (più alte nei primi anni) oppure a quote crescenti (più alte negli ultimi anni). Nel mondo finanziario l'ammortamento è il processo attraverso il quale il debitore rende il capitale preso a prestito maggiorato dagli interessi maturati sul debito.

Assegno bancario: titolo di credito che contiene l'ordine alla propria banca di pagare a un'altra persona o a sé stessi l'importo indicato. Il cliente al momento dell'emissione di un assegno deve avere sul proprio conto corrente la provvista necessaria per il pagamento del titolo, altrimenti si possono ricevere delle sanzioni fino all'interdizione dell'emissione di assegni e la segnalazione in procedura CAI (Centrale Allarmi Interbancaria).

Assegno circolare: viene emesso direttamente dalla banca, su ordine di un suo correntista per somme che sono già disponibili presso la banca stessa al momento dell'emissione. Deve riportare il nome di un beneficiario e devono essere emessi con la clausola "non trasferibile".

Azione: una azione è un titolo che rappresenta la proprietà di una frazione di una società. Ciò dà diritto al proprietario delle azioni a una proporzione delle attività e dei profitti della società pari alla quantità di azioni che possiede. Le unità di azioni sono chiamate "azioni". Le azioni vengono acquistate e vendute prevalentemente in borsa, sebbene possano esserci anche vendite private. Queste transazioni devono essere conformi ai regolamenti governativi intesi a proteggere gli investitori da pratiche fraudolente. Storicamente, hanno sovraperformato la maggior parte degli altri investimenti nel lungo periodo ma nel breve termine possono portare a pesanti perdite del capitale investito.

Agenzie di rating: sono agenzie che esaminano i titoli e le garanzie sottostanti ed assegnano un rating di credito ai titoli in base ai propri benchmark. Le valutazioni vanno dalla tripla A, la valutazione più alta, alla tripla C, la valutazione più bassa possibile, e hanno una grande influenza sulla struttura e sui prezzi del CMBS.

Analisi tecnica: tecnica per prendere decisioni nel campo del trading attraverso il quale si cerca di prevedere l'evoluzione futura del prezzo di una azione o di altro strumento finanziario in base all'analisi delle serie storiche dei prezzi e dei volumi passati.

Aumento di capitale: un aumento di capitale è la vendita di nuove azioni. Il ricavato di questa vendita va all'azienda. Un aumento di capitale porterà a una modifica di diversi indicatori: diritto ai dividendi, ai profitti, ai proventi della vendita della liquidazione, all'equità, ai diritti di voto tra i diversi fornitori di fondi. Gli aumenti di capitale possono essere effettuati in contanti o mediante conferimento di beni, a seguito dell'esercizio di warrant o di conversione del debito, riservati o meno, e con o senza diritti preferenziali di sottoscrizione.

Asta: tecnica di offerta di titoli o di negoziazione che consiste nell'accumulazione degli ordini provenienti dagli investitori e nel loro soddisfacimento in base a un insieme di regole stabilito a priori.

B

BIC (Bank Identifier Code): chiamato anche SWIFT è un codice alfanumerico che può essere composto di 8 o di 11 cifre, identifica l'istituto di credito e viene utilizzato solitamente nei pagamenti internazionali.

Benchmark: indicatore chiave di prestazione in base al quale un fondo di investimenti o un portafoglio valuta le proprie prestazioni. Gli indicatori di riferimento possono essere basati ad esempio sull'andamento di indici o sul prezzo di una determinata materia prima.

Blue Chip: azioni di società solide e ad alta capitalizzazione, il cui acquisto generalmente porta minori rischi anche quando la Borsa scende.

Bond: nome inglese per le obbligazioni (vedi obbligazione).

Bonifico: disposizione di ordine di pagamento con la quale il cliente dà istruzioni alla propria banca di trasferire una certa somma di denaro su un altro conto corrente identificato mediante le coordinate bancarie. Il regolamento del bonifico può essere anche per cassa ma generalmente è a valere su un conto corrente.

Borsa valori: mercato regolamentato in cui si negoziano strumenti finanziari rappresentativi di debiti o di quote di capitale e strumenti finanziari derivati, quali futures, opzioni, covered warrants.

BOT (Buoni Ordinari del Tesoro): titolo senza cedola con durata inferiore ai 12 mesi, emesso dallo Stato per finanziare il debito pubblico. Il bot viene rimborsato alla pari, ovvero il valore di rimborso che l'investitore riceve alla scadenza coincide con il valore nominale del titolo.

BTP (Buoni Poliennali del Tesoro): titoli di Stato con scadenza a medio/lungo termine, tasso fisso e cedola semestrale.

Broker: individuo o società che agisce come intermediario tra compratori e venditori dietro il corrispettivo del pagamento di commissioni.

Buy Back: operazione attraverso la quale società riacquistano le proprie azioni, sul mercato o tramite un'offerta pubblica di acquisto. Se una società ha liquidità in più e se ritiene che il prezzo delle proprie azioni sia troppo basso può decider di ritirare azioni dal mercato. Un riacquisto di azioni è spesso visto come un'alternativa al pagamento di un dividendo una tantum, in termini di restituzione del denaro in eccesso agli azionisti.

C

Capitale investito: rappresenta l'importo versato che viene effettivamente investito dal gestore in quote di fondi, viene determinato attraverso la differenza tra il Capitale Nominale, le commissioni di sottoscrizione ed eventuali altri costi applicati al momento del versamento.

Capitale nominale: importo versato per la sottoscrizione di quote di fondi al netto delle commissioni.

CCT: titoli di stato a medio-lungo termine, durata settennale, emessi dal Ministero dell'economia e delle finanze per finanziare il debito pubblico.

Cedola: è il frutto di un titolo di Stato o di un'obbligazione pagato periodicamente all'investitore (ogni 6 o 12 mesi) come remunerazione per l'investimento effettuato.

Certificati di Deposito: sono dei titoli emessi dalla banca o da un'altra finanziaria sotto forma di certificato che sono vincolati nel tempo. Al termine del periodo stabilito vengono liquidati alla pari, pagando in cambio degli interessi durante tutto il periodo di possesso.

CIN (Control Identification Number): (vedi IBAN).

Commissioni di gestione: rappresentano il compenso che il gestore trattiene mediante addebito diretto sul patrimonio del fondo per remunerare l'attività di gestione effettuata. Sono calcolate sul patrimonio netto del fondo e prelevati a intervalli regolare (mensili, trimestrali, ecc.).

Commissioni di sottoscrizione: commissioni pagate dall'investitore al gestore in sede di acquisto quote di un fondo.

Commodity: termine inglese utilizzato per definire materie prime come oro, petrolio trattati sui mercati spot e future.

Conversione (in inglese Switch): operazione in cui viene effettuato il disinvestimento di quote dei fondi sottoscritti e il contestuale reinvestimento del controvalore ricevuto in quote di altri fondi. Questa operazione viene effettuata per adeguare l'investimento al variare di determinate condizioni di mercato o al variare delle esigenze dell'investitore.

Covered Warrants: strumento finanziario derivato emesso da un intermediario finanziario che conferisce all'acquirente il diritto di acquistare o vendere un'attività sottostante a un prezzo prestabilito a una prefissata scadenza.

Credito al consumo: forma di prestito individuale rivolto a privati per permettere il bisogno di acquistare beni o servizi diluendone il costo nel corso del tempo.

CTZ: titolo di stato obbligazionario privo di cedola, della durata di 24 mesi, il cui rendimento viene determinato sulla base della differenza tra il valore di rimborso pari al 100% del valore nominale e prezzo di emissione (sotto la pari).

Certificates: sono strumenti derivati cartolarizzati emessi da banche di investimento al fine di offrire agli investitori strumenti che, grazie alla loro flessibilità, permettono di affrontare diversi scenari di mercato. Una delle peculiarità dei Certificati è quella di non dare diritto ai dividendi distribuiti dall'attività finanziaria sottostante, nel caso in cui essa sia un'azione o un indice.

Collocamento: operazione attraverso la quale i titoli vengono posti in vendita sul mercato e acquistati dagli investitori.

Copertura (hedging): operazione realizzata da un soggetto che intende ridurre o annullare il rischio derivante da una posizione aperta attraverso l'acquisto o la vendita di contratti derivati.

Corso (secco, tel quel, ex cedola): quando la negoziazione di un titolo obbligazionario avviene su un mercato secondario l'acquirente del titolo deve pagare al venditore il prezzo di mercato, l'importo complessivo che un acquirente dovrà sborsare è composto da due parti:

- **il corso secco**, che corrisponde al prezzo che l'acquirente paga per il valore capitale del titolo;

- **il rateo interessi**, che rappresenta la parte di interessi maturati dalla data di stacco dell'ultima cedola fino al giorno di liquidazione della compravendita.

La somma del corso secco e del rateo di interessi dà il prezzo complessivo del titolo che viene definito **corso tel quel.**

Quando in sede di negoziazione si ha lo stacco della cedola in corso di maturazione il titolo è quotato **ex cedola** che significa chi il titolo sarà privo del diritto sulla cedola in scadenza.

D

Dax: indice della Borsa valori di Francoforte che viene calcolato giornalmente e può essere utilizzato come benchmark.

Dax 30: indice sintetico che considera solo i 30 titoli più trattati nella Borsa valori di Francoforte.

Debito: è una somma di denaro o un bene che un soggetto (il debitore) si impegna a restituire entro un certo periodo di tempo a certe condizioni a chi le ha prestate (creditore) estinguendo in tal modo un'obbligazione.

Dematerializzazione: scritturazione contabile su supporti elettronici delle operazioni di compravendita effettuate in un mercato borsistico. In Italia viene effettuato dal Monte Titoli e permette di evitare lo scambio materiale di azioni.

Denaro: in Borsa si tratta del prezzo a cui un compratore è disposto a comprare un titolo.

Dividendo: consiste nella distribuzione di una parte degli utili a favore degli azionisti di una società. La decisione di come e quanti utili distribuire viene stabilita dal consiglio di amministrazione della società. Gli azionisti comuni delle società che pagano dividendi sono generalmente idonei purché possiedano le azioni prima della data di stacco del dividendo.

Durata: periodo che intercorre fra il momento di emissione e quello di scadenza di un titolo.

Duration: rappresenta la scadenza media dei flussi di cassa attesi, viene chiamata anche durata media. La duration è direttamente proporzionale alla sensibilità del prezzo del titolo al variare del tasso di rendimento.

Delisting: processo attraverso cui una società quotata in borsa viene rimossa dalla piazza azionaria in cui vengono scambiate le sue azioni. Può essere volontario o imposto per il venire a meno di alcuni requisiti di conformità per la negoziazione in Borsa.

Derivati: strumenti finanziari che riproducono i cambiamenti di valore di un sottostante. Questi strumenti seguono quindi l'andamento sul mercato di una precisa società, di una valuta o di altra attività.

Diritto di opzione: diritto dei soci di una società di poter partecipare ad operazioni di aumenti di capitale in via preferenziale, ovvero davanti ad altri investitori.

Dividend yield: indicatore del rapporto tra il dividendo staccato da un'azione e il prezzo di mercato dell'azione stessa.

Due diligence: attività di investigazione di carattere commerciale, finanziario, legale e contabile messa in atto dall'investigatore privato per analizzare il valore di un'azienda ed il stato di salute attuale. Questa procedura investigativa è indispensabile in caso di acquisizione societaria, fusioni, partecipazioni e altre operazioni commerciali.

E

Effetti Cambiari: titoli di credito dai quali risulta l'obbligazione di pagare o di fare pagare una determinata somma, ad una determinata scadenza, nel luogo indicato, a favore del legittimo possessore del titolo.

Euribor (Euro interbank offered rate): è un tasso di interesse di riferimento utilizzato nell'Unione Europea a cui sono ancorati molti prodotti di origine bancaria, come ad esempio i mutui. Si calcola facendo la media ponderata dei tassi d'interesse ai quali le banche operanti nell'Ue cedono i depositi in prestito.

ETF: fondi indicizzati che replicano le performance dei panieri di titoli sottostanti. La loro peculiarità è che sono quotati come delle normalissime azioni che si possono scambiare in continua nell'arco della seduta borsistica e quindi, a differenza di un fondo, possono essere acquistati in Borsa.

Esegui comunque (ECO): modalità di esecuzione di un ordine di negoziazione in Borsa che prevede la conclusione automatica ai prezzi delle proposte di segno opposto più convenienti.

Esegui e cancella (EEC): modalità di esecuzione di un ordine che prevede la conclusione del contratto per la quantità disponibile con il migliore dei prezzi sul lato opposto del book di negoziazione e la cancellazione dell'eventuale quantità residua.

Euromot: comparto del mercato telematico in cui si negoziano contratti di compravendita relativi a eurobbligazioni, obbligazioni di emittenti esteri e Asset-backed securities.

Ebitda: è un indicatore utilizzato nell'ambito della valutazione d'azienda e dei titoli azionari. Indica al potenziale investitore la capacità dell'azienda di generare reddito basandosi esclusivamente sulla gestione operativa (margine operativo lordo).

F

Fido: concessione di credito di scoperto su conto corrente emessa da una Banca a fronte di apposite garanzie per un ammontare massimo prefissato a fronte del pagamento di interessi in base all'utilizzo dello scoperto.

Finanziaria: società finanziaria si occupa di concedere finanziamenti a privati per l'acquisto di determinati beni. sotto forma di prestiti personali a fronte del pagamento di rate con tassi d'interesse fissi o variabili.

Flottante: quantitativo di azioni di una società che non costituiscono le partecipazioni di controllo e che sono quindi disponibili per la negoziazione in Borsa o al Nuovo Mercato. Per poter essere quotata in Borsa una società deve avere un flottante minimo pari al 25% del capitale.

Fondo comune d'investimento: forma per investire i propri risparmi, in base alla quale si affida una determinata somma a una società di gestione del risparmio (), che svolge professionalmente l'attività di intermediazione mobiliare.

Foro Competente: tribunale territorialmente competente a conoscere delle eventuali controversie sorte tra cliente e Banca.

Futures: contratti a termine negoziabili su particolari mercati in cui il compratore e il venditore, si impegnano a scambiare una certa attività finanziaria ad un prezzo prefissato.

Fideiussione: garanzia personale con cui un soggetto garantisce, con il proprio patrimonio, l'adempimento di un'obbligazione altrui.

Fixing: quotazione ufficiale di particolari strumenti come i metalli preziosi e i tassi. Nato a Londra per la fissazione del prezzo dell'oro, ora è stato esteso anche per altri strumenti finanziari.

Flipping: acquisto di uno strumento finanziario per poi rivenderlo nel breve termine per ottenere un guadagno rapido.

Flottante: numero di azioni emesse da una società e disponibili per la negoziazione.

Floting rate notes: strumento di debito con un tasso di interesse variabile. Il tasso di interesse per un FRN è legato a un tasso di riferimento.

Fondo armonizzato: fondi e Sicav di tipo aperto che investono prevalentemente in strumenti finanziari quotati, come azioni e obbligazioni. Si dicono "armonizzati" perché seguono le regole e i criteri comuni previsti a livello di Unione Europea.

Fondo Pensione: sono strumenti che consentono di costruire una rendita pensionistica integrativa. Il fondo pensione riceve le contribuzioni previdenziali che sono versate dal lavoratore aderente, dal datore di lavoro e dalle quote di accantonamento annuale del trattamento di fine rapporto.

G

Garanzia Personale: strumento con il quale il garante garantisce un'obbligazione altrui, obbligandosi personalmente nei confronti del creditore del rapporto obbligatorio.

Garanzia Reale: rappresenta un diritto su cosa altrui, con la funzione di vincolare un dato bene a garanzia di un dato credito (pegno, ipoteca).

Girata dell'assegno: per poter incassare un assegno è obbligatorio controfirmarlo per renderlo esigibile e versarlo sul proprio conto corrente bancario. Ormai tutti gli assegni hanno la clausola 'non trasferibile' quindi non è più possibile girare un assegno a favore di un terzo come invece avveniva in passato.

Gestione attiva: la porzione di un fondo che viene gestita autonomamente dalla società di gestione secondo proprie valutazioni. Il gestore decide quali titoli acquistare o vendere senza lasciarsi guidare in questa operazione dalla replica dell'indice di riferimento.

Gestione passiva: la strategia di investimento che tende a replicare il più fedelmente possibile un benchmark di riferimento.

H

Hedge Fund: fondo di investimento che negozia grandi quantità di azioni, valute, ecc. per trarre vantaggio sia dal rialzo che dal ribasso dei prezzi. Sono contraddistinti da un numero ristretto di soci partecipanti e dall'elevato investimento minimo richiesto.

Home Banking: servizio rivolto alla clientela di una banca che permette di eseguire mediante connessione internet una serie di operazioni bancarie ed avere informazioni relative al proprio conto corrente.

Hedging (vedi copertura): traducibile in copertura, è un investimento per ridurre il rischio di movimenti sfavorevoli dei prezzi di un'attività.

High yield: sono obbligazioni ad alto rendimento, rendono più della media del mercato, ma sono caratterizzate da un rischio più alto di default dell'emittente. Solitamente I soggetti che emettono tali obbligazioni hanno un rating BB o inferiore. La prospettiva di un maggiore profitto comporta un maggiore rischio di fallimento del debitore.

I

IBAN (International Bank Account Number): coordinata bancaria internazionale che consente di identificare, in maniera standard ed univoca un conto corrente bancario. Le coordinate contengono un codice paese il codice identificativo della banca, il codice della filiale ed il numero di conto. Le coordinate contengono anche due elementi di controllo per verificarne la correttezza chiamati CIN (Control Identification Number).

Index Linked: polizze di investimento con una componente obbligazionaria e da una componente derivata. Offrono un capitale garantito a scadenza ed un'eventuale plusvalenza collegata ad un indice sottostante di riferimento.

Interessi: somma dovuta come compenso per ottenere la disponibilità di un capitale. Rappresenta la remunerazione, a chi concede un prestito, per la mancata disponibilità momentanea del denaro concesso. Viene calcolato in base alla durata e dal rischio di insolvenza di chi richiede il prestito.

IPO (Initial Public Offering): operazione di collocamento di una nuova azione. Prima distribuzione al pubblico di un'azione che non si è mai presentata sul mercato borsistico.

ISIN (International Securities Identification Number): codice che identifica in modo univoco qualsiasi strumento finanziario quotato.

IDEM: mercato regolamentato costituito nel 1994 in cui vengono negoziati contratti futures e contratti d'opzione.

Ipercomprato: indicatore dell'andamento dei prezzi di una attività finanziaria che indica la conclusione dell'aumento dei prezzi, si prevede quindi una fase di consolidamento del prezzo più o meno breve a cui seguirà una fase di discesa.

Ipervenduto: rappresenta l'opposto dell'ipercomprato, si tratta della situazione in cui la fase di forte ribasso dei prezzi sembra ormai giunta a termine e stia iniziando una fase di consolidamento e di risalita.

J

Junk bond: titoli obbligazionari ad alto rendimento emessi da imprese ad alto rischio di default.

L

Large Cap: le società più grandi in termini di capitalizzazione di mercato.

Leasing: contratto di affitto o di noleggio di un bene immobile o mobile, con la possibilità, alla scadenza del contratto, di acquistare il bene stesso a un prezzo prestabilito. Il funzionamento del leasing finanziario è il seguente: la banca o la società finanziaria acquista un bene scelto dal proprio cliente e lo dà in godimento a quest'ultimo. Il cliente corrisponde il pagamento di un canone per tutta la durata del contratto che spesso comprende al suo interno anche le spese di istruttoria e di assicurazione. Alla scadenza del contratto il cliente può decidere di riscattare il bene e di acquisirne la proprietà.

Lettera: in Borsa si tratta del prezzo a cui un venditore è disposto a vendere un titolo.

Leverage (o leva finanziaria): strumento che vi permette di aumentare l'esposizione su un mercato finanziario a fronte di un investimento relativamente modesto di capitale. Si tratta di una pratica speculativa che può comportare la perdita dell'intero capitale investito.

Libor (London interbank offered rate): tasso di interesse a breve termine usato sul mercato interbancario londinese.

Lotto minimo: quantità minima di negoziazione di uno strumento finanziario.

M

MOT: mercato telematico organizzato e gestito da Borsa Italiana dove vengono negoziati Titoli di Stato e obbligazioni non convertibili.

Management fee: commissione di gestione pagata dal fondo comune alla propria società di gestione per le scelte di investimento operate.

Mercato Telematico Azionario (MTA): piazza telematica nella quale vengono avvengono le contrattazioni di azioni, obbligazioni convertibili, diritti di opzione, warrant, covered warrant, certificati rappresentativi di quote di fondi chiusi mobiliari e immobiliari.

Mib: indice generale delle azioni quotate alla Borsa di Milano. Il Mib viene fatto ripartire da 1.000 alla fine di ogni anno quindi è significativo per sapere quanto è cresciuto il mercato da inizio anno.

Mib30: indice dell'andamento dei 30 titoli azionari più scambiati sul mercato di borsa italiana.

MIFID (Markets in Financial Instruments Directive): la Direttiva MIFID è un codice di garanzie per i consumatori entrata in vigore nel 2007 in 26 paesi europei, tra cui l'Italia.

Monte Titoli: società per azioni che registra ogni passaggio di proprietà degli strumenti finanziari quotati in Italia e sottoposto al regima di dematerializzazione. La gestione centralizzata dei titoli di Stato è competenza della Banca d'Italia.

Mercato secondario: mercato in cui vengono scambiate attività finanziarie già in circolazione che vi rimangono fino alla loro eventuale scadenza.

Mercato orso: mercato caratterizzato da un basso livello di fiducia e di aspettative degli investitori che si traduce in un prolungato andamento in discesa dei prezzi.

Mercato toro: opposto del "mercato orso", con andamento in salita dei prezzi delle azioni e crescente aspettativa degli investitori.

Minusvalenza: perdita generata dalla differenza tra il prezzo di acquisto e prezzo di vendita di uno strumento finanziario. Le minusvalenze possono essere accantonate per 4 anni per andare a compensare eventuali plusvalenze ai fini del pagamento del capital gain.

N

Negoziazione: insieme di attività che definiscono la compravendita di strumenti finanziari.

Net asset value (NAV): valore ottenuto tra la differenza delle attività e delle passività di un fondo.

Non performing loans (NPL): prestito in sofferenza in cui il mutuatario è inadempiente perché non ha effettuato i pagamenti programmati per un determinato periodo.

O

Obbligazione: strumento di finanziamento utilizzato sia da Stati che imprese e rappresenta il loro capitale di debito, a differenza delle azioni che rappresentano capitale di rischio. Il possessore di un'obbligazione ha diritto a una remunerazione per il capitale investito (interessi), a differenza di azionista la cui remunerazione dipende dal fatto che l'azienda riesca a conseguire utili. Il possessore di un'obbligazione riceve regolarmente il pagamento degli interessi calcolati sul tasso nominale durante la vita della stessa ed a scadenza rientrerà in possesso del capitale investito. Esistono alcune eccezioni, come le Obbligazioni zero coupon, così dette perché per esse non è previsto il pagamento degli interessi, ma uno sconto sul prezzo di emissione.

Opzioni: un contratto che da il diritto di acquistare o vendere il sottostante ad un prezzo specifico, per un determinato periodo di tempo. Un'opzione si può comprare o vendere, e ciò comporta l'acquisto o la vendita del diritto di agire a proprio vantaggio sul sottostante. Il vantaggio è determinato dal prezzo.

OPA: operazione di borsa mediante la quale una persona fisica o giuridica dichiara pubblicamente agli azionisti di una società quotata di essere disposta a comprare i loro titoli a un prezzo superiore a quello di borsa, per acquisire o rafforzare il proprio controllo sulla società in questione.

P

Piano di accumulo (PAC): modalità di sottoscrizione delle quote di un fondo che permette al risparmiatore di accedere all'investimento attraverso versamenti periodici di capitale al fine di ripartire nel tempo l'investimento.

Piano di Investimento di Capitale (PIC): modalità di sottoscrizione alle quote di un fondo che a differenza del PAC viene realizzata mediante un unico versamento.

Piani Individuali Pensionistici (PIP): sono una forma di assicurazione sulla vita di natura previdenziale e regolate dalla Covip (Commissione di Vigilanza sui Fondi Pensione). Sono stati pensati per integrare la pensione pubblica obbligatoria e i fondi pensione.

Posizione Corta: quando gli speculatori vendono un investimento che non possiedono facendo una vendita allo scoperto.

Posizione Lunga: quando di verifica una posizione di acquisto ovvero un investimento di proprietà.

Prezzo di mercato: prezzo di un titolo rilevato quotidianamente sul mercato finanziario.

Private Banking: servizio offerto dalle banche per i loro migliori clienti, che possono godere di una consulenza finanziaria, assicurativa e previdenziale.

Protesto: atto pubblico attraverso il quale un pubblico ufficiale attesta il rifiuto di un debitore a pagare o accettare un titolo in seguito all'avvenuta presentazione di una cambiale o di un assegno.

Prodotti derivati: categoria di strumenti finanziari il cui valore viene derivato da quello di un altro bene al quale si riferisce.

Promotore finanziario: chi esercita professionalmente le attività di intermediazione finanziaria in qualità di dipendente, agente o intermediario.

Performance: rendimento di una determinata attività finanziaria in base ad una determinata unità temporale.

Plusvalenza: profitto derivato dalla differenza tra la vendita e l'acquisto di uno strumento finanziario.

Portafoglio: insieme dei prodotti e strumenti detenuti da un investitore.

Premio: in ambito assicurativo è la somma pagata (a rate o in unica soluzione) dal soggetto che si assicura all'assicuratore così come disposto dal contratto di assicurazione.

Price/earnings: rappresenta il rapporto tra il prezzo nel mercato delle azioni e gli utili per azione di una società quotata.

Prodotti strutturati: sono strumenti composti da una parte obbligazionaria e da opzioni. Sono tendenzialmente a capitale garantito e possono offrire un extra-rendimento a seconda del peso della componente non obbligazionaria.

Q

Quota: unità di misura di un fondo comune di investimento.

Quotazione: ammissione nel listino dei titoli quotati del mercato mobiliare di uno strumento finanziario.

R

Rating (merito creditizio): esprime una valutazione attraverso un giudizio sintetico del grado di solvibilità di un soggetto che emette strumenti obbligazionari. Indica la capacità di pagare i propri debiti con il rimborso del capitale e del pagamento degli interessi dovuti nei modi e tempi dovuti.

Rendimento: il ricavo complessivo di un investimento, espresso in percentuale del capitale investito.

RETURN ON INVESTMENT (ROI): ritorno sugli investimenti che misura la redditività della gestione caratteristica dell'impresa.

RETURN ON SALES (ROS): tasso di rendimento lordo delle vendite che misura il rapporto tra il reddito operativo lordo della gestione caratteristica e i ricavi netti di vendita.

RETURN ON EQUITY (ROE): misura la redditività dell'investimento effettuato dagli azionisti esprime la capacità dell'impresa di far fruttare le risorse che gli azionisti hanno apportato.

Rischio di cambio: se l'investimento è fatto in valuta estera il controvalore in euro della cedola e del capitale può variare al variare dei tassi di cambio.

Rischio di controparte: rischio che la controparte non adempia, alla scadenza, ai propri obblighi contrattuali.

Rischio di liquidità: qualora l'investitore intenda procedere alla vendita prima della scadenza è possibile che debba vendere ad un valore inferiore a causa della difficoltà di trovare una controparte disposta a comprare.

Rischio di mercato: chi ha investito in strumenti finanziari a seguito di variazioni dell'andamento dei prezzi dei titoli può vedere diminuire il valore del proprio investimento.

Rischio emittente: rischio che l'emittente di un'obbligazione non sia in grado di adempiere ai propri obblighi.

Rendita: la rendita finanziaria rappresenta l'insieme di rate ad intervalli di tempo determinati (scadenze) che vengono percepite dal possessore di uno strumento finanziario.

Rischio sistematico: rischio inerente a tutto il mercato o ad un intero settore di mercato.

Rischio specifico: rischio che caratterizza una singola azione o strumento finanziario. La diversificazione del portafoglio serve a mitigare questo tipo di rischio.

S

Salvo Buon Fine: clausola che indica che il correntista acquista la disponibilità della somma solo dopo che il titolo è stato effettivamente pagato. Quando versiamo un assegno l'effettiva disponibilità della somma viene concessa solo allo scadere del termine della verifica del buon fine.

Sicav: società di investimento a capitale variabile. Società per azioni la cui attività consiste nell'investire sui mercati finanziari il capitale raccolto con l'emissione di azioni.

Sim (Società di Intermediazione Mobiliare): società che può negoziare Azioni, Obbligazioni, quote di fondi comuni, collocare e distribuire presso il pubblico Strumenti finanziari per conto dell'emittente.

Sopra la pari: quando il prezzo di emissione di un titolo azionario o obbligazionario è superiore al valore nominale del titolo stesso.

Sotto la pari: quando il prezzo di emissione di un titolo azionario o obbligazionario è inferiore al valore nominale del titolo stesso.

Sottostante: parametro di riferimento dei contratti derivati da cui deriva il valore del contratto derivato.

Switch: (vedi conversione).

Social bond: strumenti finanziari I cui proventi vengono impiegati in parte o del tutto per il finanziamento e la realizzazzione di progetti sociali.

Spin-off: operazione che prevede la scissione di un ramo di azienda ed il conferimento presso un'altra società a fronte della cession di una quota di azioni della nuova società come corrispettivo.

Stakeholder: insieme di soggetti che hanno un interesse nei confronti di una società.

Split: operazione che prevede l'aumento delle azioni in circolazione, questa operazione ha come conseguenza una variazione del valore di ogni singola azione.

Stop loss: strategia che impone la chiusura di una posizione aperta al registrarsi di un dato livello di perdite, serve per limitare le perdite generate da un singolo strumento all'interno di un portafoglio.

Strike price: prezzo fisso al quale il proprietario di una opzione può vendere o acquistare il sottostante di riferimento.

Swap: contratto derivato nel quale le controparti si impegnano a scambiarsi ad una scadenza definita dei flussi finanziari di segno opposto il cui valore e determinato da una attività sottostante.

T

TAEG (Tasso Annuo Effettivo Globale): tasso che esprime il costo effettivo di un prestito, tenendo conto di tutte le commissioni e le spese sostenute per ottenere il finanziamento e per pagare le rate. **TAN (Tasso Annuale Nominale): tasso che** misura gli interessi dovuti su un prestito, senza considerare le spese.

Titoli di Stato: obbligazioni emesse da uno stato sovrano.

Titoli strutturati: titoli composti da una componente cosiddetta "fissa", simile ad una normale obbligazione, ed una cosiddetta "derivata", simile ad un'opzione, collegata all'andamento di un evento esterno.

TUR (Tasso Ufficiale di Riferimento): tasso definito dalla Banca Centrale Europea sulla base dl quale viene determinato il tasso di interesse applicato dalle banche.

Target price: prezzo fissato da un trader o un investitore come obbiettivo per uscire dalla propria posizione e prendere il profitto dell'investimento.

Tracking error: indica lo scostamento di una attività finanziaria rispetto al suo indice di riferimento (benchmark).

Trading: attività di contrattazione nei mercati finanziari.

Trend: andamento complessivo di un mercato o di un singolo strumento finanziario in un determinato period di riferimento al di là delle singole variazioni puramente occasionali o di breve periodo.

U

UIC (Ufficio Italiano Cambi): organo della Banca d'Italia che gestisce le riserve valutarie e monitora la condizione patrimoniale dell'Italia. Tra le sue funzioni principali c'è anche la lotta al riciclaggio del denaro.

V

Vaglia: titolo di credito con gli stessi requisiti dell'assegno circolare.

Valore nominale: valore facciale del titolo che l'emittente si impegna a rimborsare e sul quale sono calcolate le cedole.

Valuta: giorno a partire dal quale vengono calcolati gli interessi.

Vendita allo scoperto: vendita di titoli, beni o valute senza possederne la proprietà.

Volatilità: misura della incertezza e della variabilità di uno strumento finanziario o di un mercato.

W

Warrant: strumento che conferisce al sottoscrittore il diritto senza obbligo acquistare o vendere una determinate quantità di un sottostante ad un determinato Prezzo (strike-price).

Z

Zero Coupon Bond: titolo obbligazionario privo di cedola. Il rendimento è dato dalla differenza fra il prezzo di sottoscrizione e quello di rimborso.

www.ingramcontent.com/pod-product-compliance
Lightning Source LLC
LaVergne TN
LVHW052030170826
845678LV00018B/2489

9798374923032